Die Deutsche Bibliothek – CIP-Einheitsaufnahme

Ein Titeldatensatz für diese Publikation ist bei
der Deutschen Bibliothek erhältlich.

Hello, Mickey! Englisch lernen mit Disney
© 2002 Disney Enterprises, Inc.
Alle Rechte vorbehalten
Daily strips: King Features Syndicate 1949-1962
Originaltitel: Learn English with Donald and Mickey
Erschienen 2002 im Egmont Franz Schneider Verlag, München
Übersetzung: Alke Hauschild-Langemann
Redaktion: Petra Schappert
Satz: W. E. Weinmann Druck + Media GmbH
Druck: Nørhaven Book, Dänemark
ISBN 3-505-11890-7
EBS Ref. Nr. 1031-176

HELLO, MICKY!

Englisch lernen mit

Disney

EGMONT FRANZ SCHNEIDER VERLAG

VORWORT

„Hello, Micky!" ist ein Wörterbuch für Kinder zwischen 7 und 12 Jahren. Es ist voll von lustigen Comics und Illustrationen und macht das Wörterlernen so einfach und unterhaltsam wie nie zuvor.

Dieses Buch ist nicht als Lehrbuch gedacht, sondern vielmehr als eine Ergänzung für zu Hause, sodass die Kinder nicht nur mit Freude lesen, sondern nebenbei auch noch englische Wörter und Sätze lernen.

Die Zeichnungen vermitteln die Vokabeln schriftlich und bildhaft.
Bei den hier abgedruckten Comics handelt es sich um wahre Klassiker.
Sie sind in den Jahren von 1949 bis 1962 in Tageszeitungen veröffentlicht worden.

BEVOR DU ANFÄNGST

Auf der ersten Seite eines jeden Kapitels findest du eine Liste mit Wörtern, die sich auf den Inhalt des Kapitels bezieht, das du gerade liest.

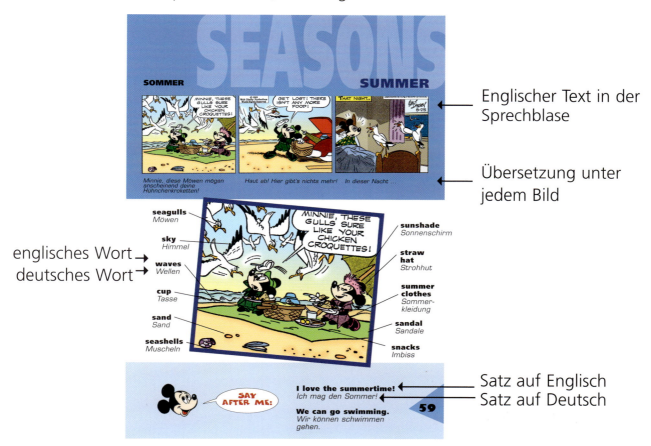

Englischer Text in der Sprechblase

Übersetzung unter jedem Bild

englisches Wort →

deutsches Wort →

Satz auf Englisch

Satz auf Deutsch

THE HOUSE

DAS HAUS

DAS HAUS VON AUSSEN

HOUSE FROM THE OUTSIDE

Das hab ich mir umgebunden, damit ich an irgendetwas denke ...

Aber ich kann mich einfach nicht mehr erinnern, an was ...

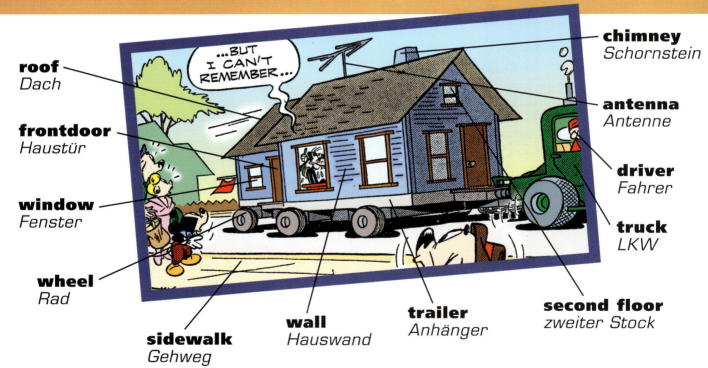

roof
Dach

frontdoor
Haustür

window
Fenster

wheel
Rad

sidewalk
Gehweg

wall
Hauswand

trailer
Anhänger

chimney
Schornstein

antenna
Antenne

driver
Fahrer

truck
LKW

second floor
zweiter Stock

SAY AFTER ME:

I am moving today.
Heute ziehe ich um.

This is were I live.
Hier wohne ich.

DAS WOHNZIMMER

LIVING ROOM

© 1966 Walt Disney Productions World Rights Reserved

Distributed by King Features Syndicate.

MINNIE JUST DROVE UP!

Ach so, Minnie ist nur vorgefahren!

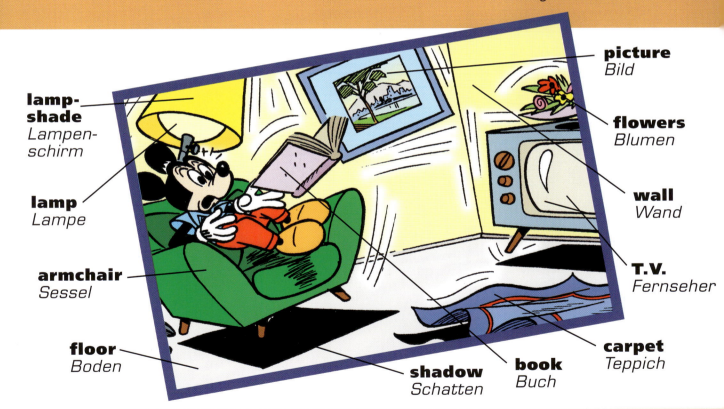

lampshade
Lampenschirm

lamp
Lampe

armchair
Sessel

floor
Boden

picture
Bild

flowers
Blumen

wall
Wand

T.V.
Fernseher

carpet
Teppich

book
Buch

shadow
Schatten

SAY AFTER ME:

Have a seat!
Nimm Platz!

It is a cosy living room.
Es ist ein gemütliches Wohnzimmer.

7

chef's hat
Kochmütze

kettle
Wasserkessel

refrigerator
Kühlschrank

stove
Herd

kitchen floor
Küchenboden

kitchen clock
Küchenuhr

oven
Ofen

pie
Kuchen

potholder
Topflappen

oven door
Ofentür

apron
Schürze

SAY AFTER ME:

What are we having for dinner?
Was gibt es zum Abendessen?
Don't burn your fingers!
Verbrenn dir nicht deine Finger!

DAS BADEZIMMER

BATHROOM

Tick! Trick! Track!

tiles
Fliesen

brush
Bürste

towel
Handtuch

bathroom floor
*Badezimmer-
boden*

**mixing
fitting**
Mischbatterie

tap
Wasserhahn

soap
Seife

hot water
*heißes
Wasser*

bathtub
Badewanne

mat
Badvorleger

SAY
AFTER ME:

The water is too hot.
Das Wasser ist zu heiß.

Where is the soap?
Wo ist die Seife?

9

DAS
SCHLAFZIMMER

BEDROOM

Nein, hier wohnt nicht
Dr. Heckel!

Können Sie mich bitte mit
Dr. Heckel verbinden?

bed
Bett

pillow
Kopfkissen

eiderdown
Daunendecke

pajamas
Schlafanzu

**bedside
lamp**
*Nachttisch-
lampe*

**alarm
clock**
Wecker

drawer
Schublade

bedside table
Nachttisch

**SAY
AFTER ME:**

I am tired.
Ich bin müde.

Turn out the light.
Mach das Licht aus!

DIE WERKSTATT

Ich wollte schon immer eine Werkstatt in der Garage haben!

So! Jetzt ist alles da, wo es hingehört!

Ich kann die Tür nicht mehr finden!

pair of nippers
Zange

drilling machine
Bohrmaschine

hacksaw
Metallsäge

round mallet
Holz-hammer

screw-driver
Schraubenzieher

spanner
Schrauben-schlüssel

awl
Ahle

circular saw
Kreissäge

hammer
Hammer

socket wrenches
Schrauben-schlüssel

overalls
Overall

SAY AFTER ME:

May I borrow your hammer, please?
Darf ich mir bitte deinen Hammer leihen?

Where are the nails?
Wo sind die Nägel?

11

THE HOUSE

- Donald, könntest du bitte bei mir vorbeikommen? Ich muss dir unbedingt etwas erzählen!

- Klar, Daisy, ich komme gleich rüber!

Hallo, Schätzchen! Wo bist du? Was gibt's?

Überraschung! Frühjahrsputz!

water *Wasser*

bucket *Eimer*

apron *Schürze*

carpet *Teppich*

scrubbing brush *Schrubber*

broom *Besen*

vacuum-cleaner *Staubsauger*

SAY AFTER ME:

It smells very clean. *Es riecht hier sehr sauber.*
Can I help you do the cleaning? *Kann ich dir beim Putzen helfen?*

DEN TISCH DECKEN

SETTING THE TABLE

Heute essen wir bei Kerzenschein ... Ist das nicht romantisch?

Ich würde aber gerne sehen, was ich auf dem Teller habe!

Hallo, Mac! Einen Hamburger, bitte!

candlelight
Kerzenschein

candlestick
Kerzenständer

glass
Glas

spoon
Löffel

fork
Gabel

soup plate
Suppenteller

plate
Teller

table-cloth
Tischtuch

chair
Stuhl

table
Tisch

SAY AFTER ME:

Can I help set the table?
Kann ich dir beim Tischdecken helfen?

Dinner is served!
Das Essen ist fertig!

13

FOOD
LEBENSMITTEL

FOOD

OBST UND GEMÜSE

FRUIT AND VEGETABLES

Donald Ducks Feinkostgeschäft für Obst und Gemüse

- Nichts los, Onkel Donald?
- Nee, gar nichts!

Donald Ducks Hutgeschäft

lemon
Zitrone

tomato
Tomate

grapes
Trauben

banana
Banane

grapefruit
Grapefruit

celery
Sellerie

potato
Kartoffel

carrot
Karotte

pear
Birne

SAY AFTER ME:

The apple is red.
Der Apfel ist rot.
I like bananas.
Ich mag Bananen.

16

HELLO, MICKY!

Englisch lernen mit

Disney

EGMONT FRANZ SCHNEIDER VERLAG

VORWORT

PREFACE

„Hello, Micky!" ist ein Wörterbuch für Kinder zwischen 7 und 12 Jahren. Es ist voll von lustigen Comics und Illustrationen und macht das Wörterlernen so einfach und unterhaltsam wie nie zuvor.

Dieses Buch ist nicht als Lehrbuch gedacht, sondern vielmehr als eine Ergänzung für zu Hause, sodass die Kinder nicht nur mit Freude lesen, sondern nebenbei auch noch englische Wörter und Sätze lernen.

Die Zeichnungen vermitteln die Vokabeln schriftlich und bildhaft. Bei den hier abgedruckten Comics handelt es sich um wahre Klassiker. Sie sind in den Jahren von 1949 bis 1962 in Tageszeitungen veröffentlicht worden.

BEVOR DU ANFÄNGST

Auf der ersten Seite eines jeden Kapitels findest du eine Liste mit Wörtern, die sich auf den Inhalt des Kapitels bezieht, das du gerade liest.

Englischer Text in der Sprechblase

Übersetzung unter jedem Bild

englisches Wort
deutsches Wort

Satz auf Englisch
Satz auf Deutsch

THE HOUSE

DAS HAUS

DAS HAUS VON AUSSEN
HOUSE FROM THE OUTSIDE

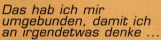
Das hab ich mir umgebunden, damit ich an irgendetwas denke ...

Aber ich kann mich einfach nicht mehr erinnern, an was ...

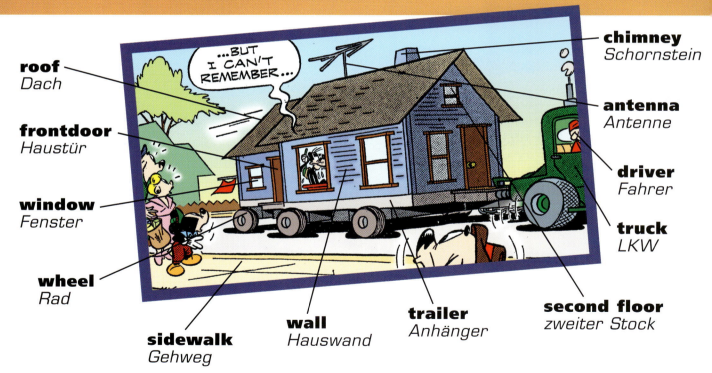

roof
Dach

frontdoor
Haustür

window
Fenster

wheel
Rad

sidewalk
Gehweg

wall
Hauswand

trailer
Anhänger

chimney
Schornstein

antenna
Antenne

driver
Fahrer

truck
LKW

second floor
zweiter Stock

SAY AFTER ME:

I am moving today.
Heute ziehe ich um.

This is were I live.
Hier wohne ich.

THE HOUSE

DAS WOHNZIMMER

LIVING ROOM

> MINNIE JUST DROVE UP!

© 1966 Walt Disney Productions World Rights Reserved

Distributed by King Features Syndicate.

Ach so, Minnie ist nur vorgefahren!

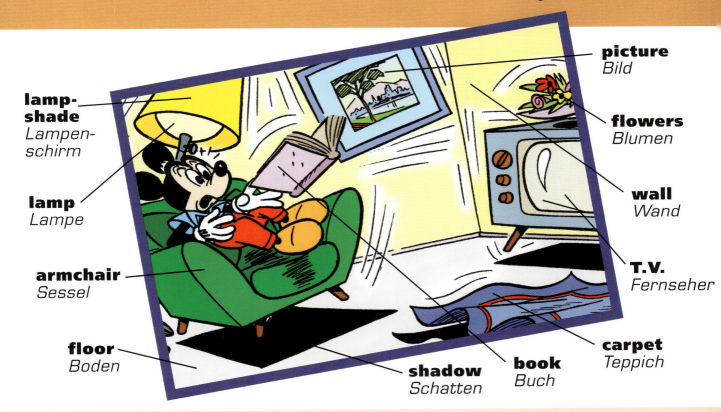

lamp-shade
Lampen-schirm

lamp
Lampe

armchair
Sessel

floor
Boden

picture
Bild

flowers
Blumen

wall
Wand

T.V.
Fernseher

carpet
Teppich

book
Buch

shadow
Schatten

SAY AFTER ME:

Have a seat!
Nimm Platz!

It is a cosy living room.
Es ist ein gemütliches Wohnzimmer.

7

DIE KÜCHE

chef's hat
Kochmütze

kettle
Wasserkessel

refrigerator
Kühlschrank

stove
Herd

kitchen floor
Küchenboden

kitchen clock
Küchenuhr

oven
Ofen

pie
Kuchen

potholder
Topflappen

oven door
Ofentür

apron
Schürze

SAY AFTER ME:

What are we having for dinner?
Was gibt es zum Abendessen?
Don't burn your fingers!
Verbrenn dir nicht deine Finger!

DAS BADEZIMMER

BATHROOM

Tick! Trick! Track!

tiles
Fliesen

brush
Bürste

towel
Handtuch

bathroom floor
*Badezimmer-
boden*

**mixing
fitting**
Mischbatterie

tap
Wasserhahn

soap
Seife

hot water
*heißes
Wasser*

bathtub
Badewanne

mat
Badvorleger

**SAY
AFTER ME:**

The water is too hot.
Das Wasser ist zu heiß.

Where is the soap?
Wo ist die Seife?

9

DAS SCHLAFZIMMER

Nein, hier wohnt nicht Dr. Heckel!

Können Sie mich bitte mit Dr. Heckel verbinden?

bedside lamp
Nachttisch-lampe

alarm clock
Wecker

drawer
Schublade

bedside table
Nachttisch

bed
Bett

pillow
Kopfkissen

eiderdown
Daunendecke

pajamas
Schlafanzu

SAY AFTER ME:

I am tired.
Ich bin müde.

Turn out the light.
Mach das Licht aus!

DIE WERKSTATT

Ich wollte schon immer eine Werkstatt in der Garage haben!

So! Jetzt ist alles da, wo es hingehört!

Ich kann die Tür nicht mehr finden!

pair of nippers
Zange

drilling machine
Bohrmaschine

hacksaw
Metallsäge

round mallet
Holz-hammer

screw-driver
Schraubenzieher

spanner
Schrauben-schlüssel

awl
Ahle

circular saw
Kreissäge

hammer
Hammer

socket wrenches
Schrauben-schlüssel

overalls
Overall

May I borrow your hammer, please?
Darf ich mir bitte deinen Hammer leihen?

Where are the nails?
Wo sind die Nägel?

THE HOUSE CLEANING

HAUSPUTZ

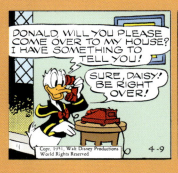

- Donald, könntest du bitte bei mir vorbeikommen? Ich muss dir unbedingt etwas erzählen!

- Klar, Daisy, ich komme gleich rüber!

Hallo, Schätzchen! Wo bist du? Was gibt's?

Überraschung! Frühjahrsputz!

water
Wasser

bucket
Eimer

apron
Schürze

carpet
Teppich

scrubbing brush
Schrubber

broom
Besen

vacuum-cleaner
Staubsauger

SAY AFTER ME:

It smells very clean.
Es riecht hier sehr sauber.
Can I help you do the cleaning?
Kann ich dir beim Putzen helfen?

DEN TISCH DECKEN

SETTING THE TABLE

Heute essen wir bei Kerzenschein ... Ist das nicht romantisch?

Ich würde aber gerne sehen, was ich auf dem Teller habe!

Hallo, Mac! Einen Hamburger, bitte!

candlelight
Kerzenschein

candlestick
Kerzenständer

glass
Glas

spoon
Löffel

fork
Gabel

soup plate
Suppenteller

plate
Teller

table-cloth
Tischtuch

chair
Stuhl

table
Tisch

SAY AFTER ME:

Can I help set the table?
Kann ich dir beim Tischdecken helfen?

Dinner is served!
Das Essen ist fertig!

13

FOOD
LEBENSMITTEL

FOOD

Donald Ducks
Feinkostgeschäft für
Obst und Gemüse

- Nichts los, Onkel
Donald?
- Nee, gar nichts!

Donald Ducks
Hutgeschäft

lemon
Zitrone

tomato
Tomate

grapes
Trauben

banana
Banane

grapefruit
Grapefruit

celery
Sellerie

potato
Kartoffel

carrot
Karotte

pear
Birne

SAY AFTER ME:

The apple is red.
Der Apfel ist rot.
I like bananas.
Ich mag Bananen.

16

OBST UND GEMÜSE

FRUIT AND VEGETABLES

*Sonderangebot
Spinat 2 Pfund für
19 Cent*

sign
Schild

spinach
Spinat

vegetables
Gemüse

apples
Äpfel

customer
Kunde

carrots
Karotten

lettuce
Salat

SAY AFTER ME:

Vegetables are very healthy.
Gemüse ist sehr gesund.
Can I have an orange, please?
Kann ich bitte eine Orange haben?

17

FOOD

KUCHEN

Feuerversicherungen

Bäckerei:
Feine Torten und Gebäck

cakes
Kuchen

cake stand
Kuchenplatte

birthday cake
Geburtstags-kuchen

baker's shop
Bäckerei

window
Schaufenste

doughnuts
Doughnuts

shopping list
Einkaufsliste

SAY AFTER ME:

I would like to buy a loaf of bread, please.
Ich möchte bitte einen Laib Brot kaufen.

The cake is very delicious.
Der Kuchen ist sehr lecker.

18

IM RESTAURANT

Du traust dich ja doch nicht nach draußen zu kommen und das nochmal zu sagen!

Noch ein Hotdog, bitte!

door — *Tür*

door handle — *Türknauf*

cash register — *Kasse*

napkin holder — *Serviettenhalter*

customer — *Kunde*

plate — *Teller*

counter — *Tresen*

salt — *Salz*

SAY AFTER ME:

I would like a soda, please.
Ich möchte bitte ein Wasser.

How much is it?
Wie viel macht das?

IN TOWN

IN DER STADT

IM KINO

AT THE CINEMA

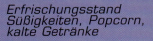

Erfrischungsstand
Süßigkeiten, Popcorn,
kalte Getränke

He, er sagt, es ist ein
dreiteiliger Film!

Stellen Sie's obendrauf!

cinema hall
Kinosaal

filmgoer
Kinobesucher

popcorn
Popcorn

paperbag
Papiertüte

attendant
Platzanweiser

flashlight
Taschen-
lampe

curtain
Vorhang

seat
Sitz

SAY AFTER ME:

What time is the next show?
Wann beginnt die nächste Vorstellung?
I really liked the movie.
Der Film hat mir wirklich gefallen.

IM THEATER

AT THE THEATRE

Ich habe gesagt, ich werde mit dir in die Oper gehen ... aber unter einer Bedingung!

note
Note

opera singer
Opernsängerin

tiara
Diadem

stage
Bühne

shoe
Schuh

set piece
Kulisse

table
Tisch

suit
Anzug

theatre chairs
Theatersitze

SAY AFTER ME:

I love to go to the theatre.
Ich gehe gerne ins Theater.

I like to watch T.V.
Ich sehe gern fern.

IM SÜSSWARENLADEN

IN THE CANDY STORE

- Warte mal. Heute ist Dienstag, der zehnte.
- Genau. Dann ist heute Willy Jones dran!
- Richtig. Und morgen Mike Kilgore!

- Guter alter Willy! Wir sehen uns viel zu selten, Kumpel!
- Traurig, aber wahr, Willy!

- Manchmal frage ich mich, warum ihr Jungs ausgerechnet immer dann auftaucht, wenn ich mein Taschengeld bekommen habe!

sweets
Süßigkeiten

icecream
Eis

strawberry icecream
Erdbeereis

icecream cone
Eiswaffel

chocolate
Schokolade

candy bar
Zuckerstange

bag of sweets
Tüte mit Süßigkeiten

SAY AFTER ME:

Two icecreams, please.
Zwei Eis, bitte.

How much is the lollipop?
Wie viel kostet der Lutscher?

IM SUPERMARKT

IN THE SUPERMARKET

cash register
Kasse

prunes
Pflaumen

soap
Seife

salt
Salz

candy
Bonbons

supermarket trolley
Einkaufswagen

spinach
Spinat

oatmeal
Haferflocken

vinegar
Essig

peanut butter
Erdnussbutter

jam
Marmelade

cookies
Kekse

SAY AFTER ME:

There is a long queue at the desk.
An der Kasse ist eine lange Schlange.
I am going to buy some milk.
Ich werde etwas Milch kaufen.

25

Öffentliche Bücherei

Guten Morgen!

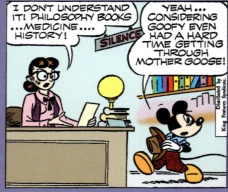

- Komisch Bücher über Philosophie
... Medizin ...Geschichte ... – Ja,
vor allem weil Goofy schon bei
Kinderliedern Probleme hatte!

- He, he! So rollt sich der
Teppichboden nicht auf!
- Schäm dich!

sign
Schild

glasses
Brille

butterfly
Schleife

librarian
Bibliothekarin

desk
Tisch

archive
Archiv

shelves
Regale

lamp
Lampe

books
Bücher

hat
Hut

SAY
AFTER ME:

This is my favorite book.
Das ist mein Lieblingsbuch.

**I like comic books the
best.**
Comics mag ich am liebsten.

26

IN TOWN

Hanks Schrottplatz Höchstpreise für Alt-metall

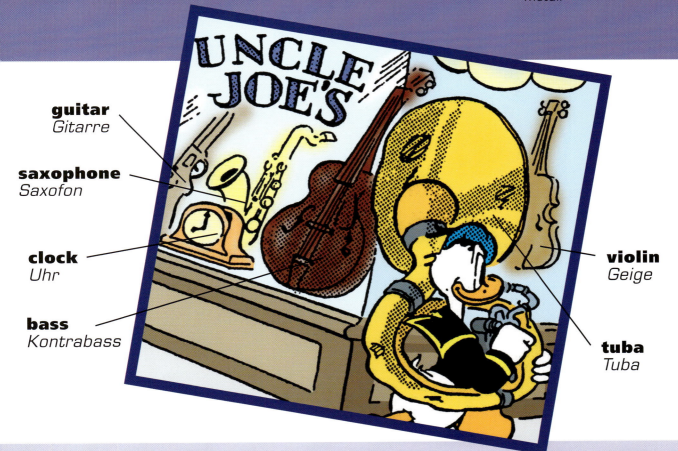

guitar
Gitarre

saxophone
Saxofon

clock
Uhr

bass
Kontrabass

violin
Geige

tuba
Tuba

SAY AFTER ME:

I like this song.
Ich mag dieses Lied.

Do you want to play the tuba?
Möchtest du Tuba spielen?

27

IM PARK

IN THE PARK

man
Mann

newspaper
Zeitung

spiked rubbish stick
Stock mit Spitze zum Müllsammeln

grass
Gras

tree
Baum

bench
Bank

bag
Müllsack

park cleaner
Parkreinigungspersonal

rubbish
Müll

28

This is a big park.
Das ist ein großer Park.

Do you want to go for a walk?
Möchtest du spazieren gehen?

IM FREIZEITPARK — AT THE AMUSEMENT PARK

Dieses Karussell ist doch Babykram!

track — Schiene

rollercoaster — Achterbahn

ticket office — Kartenhäuschen

child — Kind

horse — Pferd

merry-go-round — Karussell

balloons — Luftballons

This is great fun!
Das macht großen Spaß!

It makes me all dizzy!
Davon wird mir ganz schwindelig!

TRANSPORTATION

VERKEHRSMITTEL

IN DER LUFT

sky
Himmel

tail
Heck

pilot
Pilot

cockpit
Cockpit

wings
Tragflächen

clouds
Wolken

landing wheels
Fahrwerk

propeller
Triebwerk

SAY AFTER ME:

Have a safe flight.
Guten Flug!

Ready for take-off!
Alles startklar!

Können diese Neffen nicht mal ans Telefon gehen?!

Hallo?

steering wheel
Lenkrad

seat
Sitz

car
Auto

rear light
Rücklicht

tyre
Reifen

bonnet
Motorhaube

motor
Motor

headlight
Vorderlicht

bumper
Stoßstange

oil
Öl

The car is red.
Das Auto ist rot.

Can we go now?
Können wir jetzt fahren?

33

AUF SEE

Abgewürgt!

Goofys Abschlepper

smoke
Rauch

skipper
Kapitän

tug boat
Schlepper

crane
Kran

ocean
Meer

boat
Boot

outboard motor
Außenbordmotor

34

SAY AFTER ME:

Do you want to go sailing?
Möchtest du segeln gehen?

This is my boat.
Das ist mein Boot.

*Empfangschef: Zwei
Dollar ohne und 2 Dollar
25 mit Bad!*

*Donald: Für zwei würde
ich's nehmen.*

bellboy
Page

plant
Pflanze

luggage
Gepäck

reception clerk
*Empfangs-
chef*

reception desk
Empfang

hotel guest
Hotelgast

SAY AFTER ME:

I would like to check out, please.
Ich möchte bitte zahlen und abreisen.

Would you bring my luggage, please?
Würden Sie mir bitte mein Gepäck bringen?

35

SPORTS

Ich hab ihn!

Ich hab …

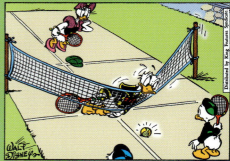

hair bow
Haarschleife

tennis net
Netz

tennis court
Tennisplatz

cap
Kappe

shirt
Hemd

shoe
Schuh

tennis player
Tennisspieler

tennis racket
Tennisschläger

tennis ball
Tennisball

38

SAY AFTER ME:

You win!
Du gewinnst!

The ball is out!
Der Ball ist im Aus!

TISCHTENNIS

Zu einfach! Spiel den Ball so, dass ich ihn nicht gleich kriege, Trick!

Netter Versuch, Trick!

ball
Ball

net
Netz

table
Tisch

basement floor
Kellerboden

door
Tür

stairs
Treppen

table tennis bat
Tischtennis-schläger

barrel
Fass

Do you play table tennis?
Spielst du Tischtennis?

I won!
Ich habe gewonnen!

39

VOLLEYBALL

GIVE ME THAT VOLLEY BALL AND GET IN THE HOUSE... BOTH OF YOU!

YOUR SUMMER-SCHOOL TEACHER PHONED YOU'RE FAILING IN GEOGRAPHY... NOW STUDY!

THUD!
THUD...

*Her mit dem Volleyball.
Und jetzt ab ins Haus!
Alle beide!*

*Euer Nachhilfelehrer hat
angerufen. Ihr seid sehr
schlecht in Erdkunde ...
Jetzt lernt ihr aber!*

globe
Globus

**book
shelves**
Bücherregale

books
Bücher

lamp
Lampe

window
Fenster

net
Netz

**volleyball
player**
Volleyballspieler

**SAY
AFTER ME:**

**The boys are playing
volleyball.**
Die Jungen spielen Volleyball.

Who is winning?
Wer gewinnt?

SPORTS

GOLF

Mist! Knapp daneben!

Schon wieder daneben!

golf club
Golfschläger

golf bag
Golftasche

green
das Grün

golf course
Golfplatz

flag
Fahne

golf shoes
Golfschuhe

hole
Loch

golf ball
Golfball

Do you play golf?
Spielst du Golf?

Let's play a round of golf.
Lass uns eine Runde Golf spielen!

41

SPORTS

  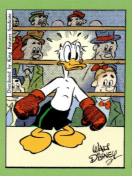 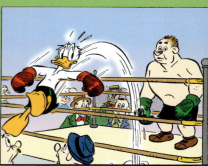

boxer
Boxer

boxing gloves
Boxhand-schuhe

boxing shorts
Boxer-shorts

spectators
Zuschauer

boxing ring
Boxring

opponent
Gegner

boxing shoes
Boxerschuhe

42

SAY AFTER ME:

He gave him a knockout.
Er hat ihn k.o. geschlagen.

I do not like to fight.
Ich kämpfe nicht gern.

TAUCHEN

diver
Taucher

flippers
Schwimmflossen

starfish
Seestern

water
Wasser

diving mask
Tauchermaske

fish
Fische

sea floor
Meeresboden

SAY AFTER ME:

The fish look beautiful underwater.
Unter Wasser sehen die Fische wunderschön aus.

Let's go diving!
Lass uns tauchen gehen!

43

WASSERSKI

WATER SKIING

Irgendwas ist hier falsch gelaufen!

line
Seil

water ski
Wasserski

bathing trousers
Badehose

motor
Motor

water
Wasser

speed-boat
Schnellboot

spray
Gischt

44

SAY AFTER ME:

I like water-skiing.
Ich fahre gern Wasserski.

Can I try?
Kann ich es mal versuchen?

ANGELN

O Mann! Schon wieder einer!

- Mist, keiner beisst an.
- Dein Köder ist zu klein! Nimm den hier.

Na gut, ich versuch's mal.

Oh, einer hat angebissen!

fishing rod
Angel

fishing line
Angelschnur

bait
Köder

fishing reel
Angelspule

oar
Ruder

catch
Fang

boat
Boot

bucket
Eimer

SAY AFTER ME:

There is a rise!
Da hat einer angebissen!

I like to go fishing.
Ich gehe gerne angeln.

45

ANGELN

FISHING

Da hab ich dich wohl ganz schön reingelegt, was?

fishing hat
Anglerhut

fisherman
Angler

bait
Köder

fishing bag
Angeltasche

Fishing rod
Angel

fishing net
Angelnetz

float
Schwimmer

hook
Angelhaker

SAY AFTER ME:

I am going fishing.
Ich gehe angeln.
Did you catch anything?
Hast du etwas gefangen?

JAGEN

- Onkel Donald, ist jetzt Jagdsaison für Elche?
- Nee, nicht vor nächstem Jahr!

- Und dein Gewehr ist nur mit Vogelschrot geladen?
- Ja, nur mit Vogelschrot!

Du hast es gehört, du Dummkopf ... verfolge uns nicht weiter!

antlers
Geweih

tree
Baum

moose
Elch

hunter
Jäger

hunting cap
Jägerhut

gun
Gewehr

hunting jacket
Jägerjacke

Do not shoot!
Nicht schießen!

I am a hunter.
Ich bin ein Jäger.

47

OUT IN NATURE

IN DER NATUR

CAMPING

- Junge, ich sterbe vor Hunger!
- Ich auch!
- Oh Mann!

Ich sterbe vor Hunger!

- Du musst was unternehmen! Mir ist ganz schwindelig vor Hunger!
- Schon gut! Schon gut!

tent pole
Zeltstange

tent
Zelt

branches
Zweige

camp fire
Lagerfeuer

pan
Pfanne

trees
Bäume

campers
Camper

scarf
Halstuch

SAY AFTER ME:

Could you help me put up the tent, please?
Könntest du mir bitte helfen, das Zelt aufzubauen?

Let's camp here.
Lasst uns hier zelten.

MOUNTAIN CLIMBING

**top of
mountain**
Bergspitze

feather
Feder

snow
Schnee

pickaxe
Pickel

**mountain
climber**
Bergsteiger

safety line
Sicherheitsleine

**SAY
AFTER ME:**

**This mountain is very
high.**
Dieser Berg ist sehr hoch.

Do not fall!
Stürz nicht!

Oh, oh. Jetzt geht's
wieder los!

- Verdammt! Ich habe
den rechten Fuß in den
Steigbügel gestellt!
- Genau. Wie seit einer
Woche!

- Ich glaube, du
solltest es jetzt
aufgeben!
- Wer wird hier
aufgeben?

mane
Mähne

horse
Pferd

bridle
Zaumzeug

rein
Zügel

tree
Baum

mirror
Spiegel

saddle
Sattel

tail
Schweif

stirrup
Steigbügel

girth
Gurt

hoof
Huf

**SAY
AFTER ME:**

It is a beautiful horse.
Das ist ein prächtiges Pferd.

Do you ride?
Kannst du reiten?

FAHRRAD FAHREN

- Nein, Mack, ich kaufe dir kein neues Fahrrad!
- Okay!

Ich muss 1000 Seifenstücke verkaufen, dann bekomme ich ein Fahrrad umsonst!

Später – Ich hätte wohl besser doch das Fahrrad kaufen sollen!

saddle
Sattel

bicycle tyre
Fahrradreifen

bicycle
Fahrrad

chain
Kette

handlebars
Lenkstange

crossbar
Querstange

pedal
Pedal

spokes
Speichen

SAY AFTER ME:

My bicycle is green.
Mein Fahrrad ist grün.

Do you want to go for a ride?
Hättest du Lust eine Runde zu drehen?

53

KANU FAHREN

Puh!

O Mist! Jetzt bin ich schon wieder falsch ausgestiegen!

canoeist
Kanute

canoe
Kanu

paddle
Paddel

treetop
Baumkrone

grass
Rasen

bridge
Brücke

pier
Pier

lake
See

SAY AFTER ME:

Would you like to go canoeing?
Möchtest du gerne Kanu fahren gehen?

I can paddle.
Ich kann paddeln.

54

Mit diesem Papagei ist es nicht auszuhalten!

Verkäufer: Dieser Vogel schließt leicht Freundschaft!
Micky: Na gut!

Ich glaube, der Papagei hat mir doch besser gefallen!

blackbird
Amsel

bird
Vogel

squirrel
Eichhörnchen

window
Fenster

chipmunk
Backenhörnchen

pigeon
Taube

butterfly
Schmetterling

book
Buch

armchair
Sessel

rabbit
Kaninchen

SAY AFTER ME:

I have a pet.
Ich habe ein Haustier.

What a pretty bird!
Was für ein schöner Vogel!

55

SEASONS

JAHRESZEITEN

FRÜHLING

- Onkel Donald, du hast was vergessen!
- Ruhe! Ich habe alles doppelt geprüft!

Diesmal habe ich nichts vergessen!

- Schaut her: Senf, Salz, Pfeffer, Dosenöffner, Kuchen ... ist doch alles da! - Aber wo ist Daisy?

grass
Rasen

bread
Brot

picnic basket
Picknickkorb

pepper
Pfeffer

cake
Kuchen

thermos
Thermoskanne

salt
Salz

picnic blanket
Picknickdecke

mustard
Senf

can opener
Dosenöffner

SAY AFTER ME:

We are going on a picnic.
Wir machen ein Picknick.

I like sandwiches.
Ich mag belegte Brote.

SOMMER

Minnie, diese Möwen mögen anscheinend deine Hühnchenkroketten!

Haut ab! Hier gibt's nichts mehr!

In dieser Nacht ...

seagulls
Möwen

sky
Himmel

waves
Wellen

cup
Tasse

sand
Sand

seashells
Muscheln

sunshade
Sonnenschirm

straw hat
Strohhut

summer clothes
Sommer-kleidung

sandal
Sandale

snacks
Imbiss

SAY AFTER ME:

I love the summertime!
Ich mag den Sommer!

We can go swimming.
Wir können schwimmen gehen.

59

SEASONS

AM STRAND

Geben Sie mir auch ein paar
Strohhalme!

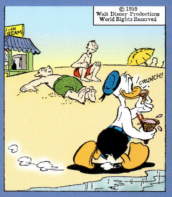

Hör auf zu schwatzen
und trink aus deiner
Eiswaffel!

ocean
Meer

bather
Badegast

icecream
Eis

icecream
cone
Eiswaffel

trunks
Badehose

icecream
man
Eisverkäufer

icecream
scoop
Eisportioniere

straws
Strohhalme

icecream
parlour
Eisstand

SAY
AFTER ME:

I like icecream.
Ich mag Eis.

Let's go to the beach.
*Lass uns an den Strand
gehen.*

HERBST

umbrella
Regenschirm

raindrops
Regentropfen

doorman
Portier

bumper
Stoßstange

puddle
Pfütze

stole
Stola

lady
Dame

bonnet
Motorhaube

headlight
Vorderlicht

SAY
AFTER ME:

It is raining cats and dogs.
Es regnet junge Hunde.

This is my umbrella.
Das ist mein Regenschirm.

61

SEASONS

Ich wette, im Juni bekommen wir für jeden einen Nickel!

Vielleicht bekommen wir am 4. Juli dafür sogar Knallfrösche!

Später... Kleine Heimtiefkühltruhe

snow-covered roof
schnee-bedecktes Dach

cap
Mütze

mitten
Fäustling

snow
Schnee

house
Haus

trunk
Baumstamm

snowballs
Schneebälle

sleigh
Schlitten

SAY AFTER ME:

I am freezing!
Ich friere!

It is cold.
Es ist kalt.

EIS LAUFEN

Ich mag es, wenn meine Schlittschuhe gut geschliffen sind!

pixy hat
Pudelmütze

skater
Eisläufer

ice rink
Eisbahn

skate
Schlittschuh

trousers
Hose

sweater
Pullover

spin
Drehung

SAY AFTER ME:

Do you want to go skating?
Möchtest du Eis laufen gehen?

It is very cold.
Es ist sehr kalt.

63

OCCUPATIONS

MALER

painter's cap
Malermütze

paint pot
Farbeimer

painter
Maler

ladder
Leiter

paint brush
Pinsel

paint
Farbe

radio
Radio

wire
Kabel

Which colour do you prefer?
Welche Farbe magst du lieber?

I like to paint.
Ich streiche gern.

MAURER

So!

Welcher Idiot ist auf den frischen Zement gelaufen?

fence
Zaun

bricklayer
Maurer

board
Brett

bricks
Ziegelsteine

bricklayer's cap
Maurermütze

trowel
Mörtelkelle

mortar
Mörtel

He is building a house.
Er baut ein Haus.

The house has red bricks.
Das Haus besteht aus roten Ziegelsteinen.

67

FEUERWEHRMANN

Macht euch nichts draus. Onkel Donald, der Held, hat das Feuer selbst gelöscht!

firefighter
Feuerwehr-mann

fire engine
Feuerwehr-auto

fire hose
Feuerwehr-schlauch

mail box
Briefkasten

fire helmet
Feuerwehr-helm

pillar
Pfeiler

boot
Stiefel

SAY AFTER ME:

There is a fire!
Es brennt!

Firefighters put out the fire.
Feuerwehrmänner löschen das Feuer.

68

POLIZIST

POLICEMAN

- Herr Polizist! Jemand hat meinen Hinterreifen gestohlen!
- Augenblick, Kleiner ...

Wir stecken selbst in Schwierigkeiten!

police cap
Polizeimütze

policeman
Polizist

police badge
Polizeimarke

pavement
Gehweg

street lamp
*Straßen-
laterne*

siren
Martinshorn

police car
Polizeiwagen

SAY AFTER ME:

You are under arrest!
Sie sind verhaftet!

Call the police!
Ruf die Polizei!

69

FENSTERPUTZER

Schluck!

Das ist ein gefährlicher Job!

Puh! In Sicherheit!

Jaul!

tower block
Hochhaus

window cleaner
Fenster-putzer

safety line
Sicherheits-leine

bricks
Mauer-steine

window
Fenster

swab
Fenster-wischer

cloth
Lappen

bucket
Eimer

SAY AFTER ME:

The windows are very clean.
Die Fenster sind sehr sauber.

Do not look down!
Sieh nicht nach unten!

UHRMACHER

WATCHMAKER

Das kostet ungefähr 20 Piepen, mein Sohn!

pocket watch
Taschenuhr

glasses
Brille

watchmaker
Uhrmacher

tie
Krawatte

broken watch
kaputte Uhr

alarm clock
Wecker

SAY AFTER ME:

What time is it?
Wie spät ist es?

It is one o'clock.
Es ist ein Uhr.

KONDITOR

CONFECTIONER

Mehr Verzierungen!

Mehr Verzierungen! Ich will mehr!

Da hast du mehr!

chef's hat
Kochmütze

baking tin
Backform

pastry bag
Sahnespritz-beutel

confectioner
Konditor

icing
Zuckerguss

fancy cake
Torte

SAY AFTER ME:

It is a delicious cake.
Das ist ein köstlicher Kuchen!

Can I ice the cake please?
Kann ich bitte den Kuchen glasieren?

LEHRER

Wer hat dieses Bild an die Tafel gemalt?

Ich, Frau Lehrerin!

Hier hast du etwas Geld. Davon kaufst du dir unterwegs eine Limonade!

hair
Haare

teacher
Lehrerin

books
Bücher

teacher's desk
Lehrerpult

door
Tür

pupil
Schüler

pupil's desk
Schülerpult

book end
Buchstütze

SAY AFTER ME:

Next lesson is English.
Die nächste Schulstunde ist Englisch.

I have to do my homework.
Ich muss meine Hausaufgaben machen.

73

- Ich hab' ihn!
- Sie ... Sie ...

Am nächsten Tag ...
Der Zahnarzt erwartet Sie!

Nur keine Angst, Herr Maus! Ich bin nicht nachtragend!

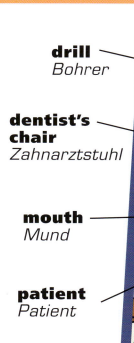

drill
Bohrer

dentist's chair
Zahnarztstuhl

mouth
Mund

patient
Patient

dentist
Zahnarzt

dentist's coat
Zahnarzt-kittel

dentist's supplies
Zahnarzt-Geräte

SAY AFTER ME:

I brush my teeth.
Ich putze meine Zähne.

I'm not scared of the dentist.
Ich habe keine Angst vor dem Zahnarzt.

Der Besitzer muss sehr stolz auf diesen Hund sein!

- Er verhält sich merkwürdig!
- Vielleicht wird ihm eine Spritze helfen!

glasses
Brille

doctor
Arzt

syringe
Spritze

stretcher
Krankentrage, Bahre

patient
Patient

diploma
Urkunde

medicine cupboard
Medizin-schrank

collar
Hunde-halsband

drawer
Schublade

wheel
Rad

SAY AFTER ME:

Does it hurt?
Tut es weh?

You will be fine.
Dir wird es bald wieder gut gehen.

KUNSTMALER

artist
*Kunst-
maler*

palette
Palette

**paint
brush**
Pinsel

paint
Farbe

leaf
Blatt

sun
Sonne

canvas
Leinwand

fence
Zaun

easel
Staffelei

**SAY
AFTER ME:**

It is a beautiful painting.
*Das ist ein wunderschönes
Bild.*

Did you paint it yourself?
Hast du das selbst gemalt?

PHOTOGRAPHER

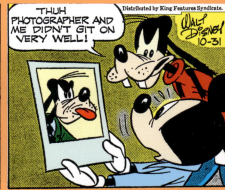

Ich werde für meine Weihnachtsgrußkarten ein paar Fotos von mir machen lassen!

Und jetzt wollen wir mal schön still halten, ja?

Der Fotograf und ich haben uns nicht besonders verstanden!

photographer
Fotograf

background
Hintergrund

posing
Modell
sitzen

spotlight
Scheinwerfer

moustache
Schnurrbart

camera
Kamera

smock
Kittel

SAY AFTER ME:

I have a camera.
Ich habe eine Kamera.

Can I take your picture?
Darf ich ein Foto von dir machen?

77

TOYS
SPIELZEUG

TOYS

SPIELZEUG

"CLEAN UP YOUR ROOM! I'M BRINGING HOME A SURPRISE FOR YOU... UNCA DONALD!"

GOOD JOB, BOYS! AND NOW THE SURPRISE!

„Räumt euer Zimmer auf! Ich bringe eine Überraschung für euch mit ... Onkel Donald!"

Gut gemacht, Jungs! Und jetzt die Überraschung!

A NEW BED! GIMME A HAND WITH THE OLD ONE!

Ein neues Bett! Fasst mal bei dem alten Bett mit an!

jigsaw puzzle
Puzzle

trumpet
Trompete

rollerskates
Rollschuhe

tennis ball
Tennisball

ball
Ball

toy truck
Spielzeuglaster

baseball bat
Baseballschläger

toy airplane
Spielzeugflugzeug

SAY AFTER ME:

Do you want to play?
Möchtest du mit mir spielen?

My toy truck is brand new.
Mein Spielzeuglaster ist nagelneu.

SPIELZEUG

- Lass deinen Cousin Kilty mit deinen Sachen spielen, Mack! Er wird eine Weile bei uns bleiben!
- Geht klar, Onkel Micky!

Okay, Cousin Kilty … Alles auf dieser Seite gehört dir und auf dieser Seite mir!

Am nächsten Morgen…
Mit Cousin Kilty wird es wohl Ärger geben!

sombrero
Sombrero

baseball glove
Baseball-handschuh

comic books
Comichefte

shorts
kurze Hosen

tennis racket
Tennisschläger

bed
Bett

Indian feathers
Indianer-federn

baseball cap
Baseball-mütze

t-shirt
T-Shirt

toy gun
Spielzeug-pistole

SAY AFTER ME:

I have a lot of toys.
Ich habe viele Spielsachen.

It's fun to play with my toys.
Es macht Spaß mit meinem Spielzeug zu spielen.

81

CLOTHES

KLEIDUNG

KLEIDUNG

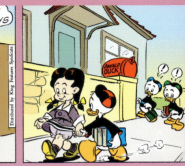

Tick, ich möchte dir Judy vorstellen!

Ihr Vater hat eine Bäckerei, und ihrem ...

... Onkel gehört dieses unbebaute Grundstück, das der Zirkus immer benutzt!

braid
geflochtener Zopf

bow
Schleife

dress
Kleid

stocking
Strumpf

girl's shoe
Mädchenschuh

house
Haus

mailbox
Briefkasten

hat
Mütze

shirt
Hemd

books
Bücher

84

SAY AFTER ME:

I am a boy.
Ich bin ein Junge.

I am a girl.
Ich bin ein Mädchen.

WOMEN'S CLOTHES

Oh nein, damit sehe ich
so breit aus!

Unmöglich! Es lässt
mich richtig dick
aussehen!

Dreißig Dollar teurer.
Aber es macht
tatsächlich schlank …
gekauft!

Ein erfolgreicher
Einkaufsbummel macht
mich immer hungrig!

bracelet
Armreif

bow
Schleife

dress
Kleid

shirt
Hemd

blouse
*Uniform-
jacke*

hat
Hut

skirt
Rock

chair
Stuhl

My dress is new.
Mein Kleid ist neu.

Do you like it?
Gefällt es dir?

85

CLOTHES

MEN'S CLOTHES

„Die Teile eines Anzugs passen immer zusammen! Das ist ein Muss!" Hm.

!

Süßigkeiten

jacket
Anzugjacke

tie
Krawatte

belt
Gürtel

trousers
Hose

drawers
Kommode

hat
Hut

walking stick
Spazierstock

shirt
Hemd

cuff link
Manschettenknopf

SAY AFTER ME:

Would you tie my tie please?
Würdest du mir bitte meine Krawatte binden?

You look very nice!
Du siehst sehr gut aus!

HERREN-ABENDGARDEROBE

MEN'S PARTY CLOTHES

veil
Schleier

necklace
Halskette

tie
Krawatte

wedding dress
Hochzeits-kleid

wedding bouquet
Hochzeits-strauß

trousers
Hose

butterfly
Fliege

wedding gown
Hochzeits-frack

tuxedo
Smoking

This shirt is new.
Dieses Hemd ist neu.

What should I wear?
Was soll ich anziehen?

87

HOCHZEITSKLEIDUNG

WEDDING CLOTHES

*Eins muss ich dir sagen, Goofy:
Du weißt wirklich, wie man
chinesisch kocht!*

guest
Gast

**bridal
couple**
Brautpaar

groom
Bräutigam

bride
Braut

rice
Reis

church
Kirche

**bridal
veil**
Brautschleier

**wedding
dress**
*Hochzeits-
kleid*

umbrella
Schirm

**SAY
AFTER ME:**

They are getting married.
Sie heiraten.

They look happy.
Sie sehen glücklich aus.

FARBEN

Okay, Jungs, ich bin
jetzt bereit euch zu
malen.

paint
Farbe

brush
Pinsel

palette
Palette

feather
Feder

Indian
Indianer

decoration
Dekoration

red
rot

blue
blau

green
grün

yellow
gelb

black
schwarz

I like the colour green.
Ich mag Grün.

It is fun to paint.
Malen macht Spaß.

89

GRAMMATIK UND VOKABELLISTE

Erklärung der grammatikalischen Begriffe:

Verb:

*Verben sind Wörter, die eine Tätigkeit beschreiben.
Man kann sie in verschiedene Zeiten setzen.
Beispiel: eat = essen*

Infinitiv:

*Grundform. Die Grundform ist die einfachste Form
eines Verbs.
Beispiel: to eat = essen*

Präteritum:

*Vergangenheit. In der Vergangenheitsform erzählst
du etwas, das schon passiert ist.
Beispiel: I ate = Ich aß.*

Partizip Perfekt:

*Diese Form benutzt du bei der Vergangenheit, die
mit „to have" gebildet wird.
Beispiel: I have **eaten** = Ich habe **gegessen**.*

UNREGELMÄßIGE ENGLISCHE VERBEN

Infinitiv Perfekt	Präteritum	Partizip
A		
arise	rose	arisen
awake	awoke	awoken (awakened)
B		
be	was, were	been
become	became	become
begin	began	begun
bet	bet (betted)	bet (betted)
bite	bit	bitten
blow	blew	blown
bring	brought	brought
build	built	built
buy	bought	bought
C		
catch	caught	caught
choose	chose	chosen
come	came	come
creep	crept	crept
cut	cut	cut
D		
dig	dug	dug
dive	dived	dived
do	did	done
dream	dreamed (dreamt)	dreamed (dreamt)
drink	drank	drunk
drive	drove	driven

Infinitiv Perfekt	Präteritum	Partizip
E		
eat	ate	eaten
F		
fall	fell	fallen
feed	fed	fed
feel	felt	felt
fight	fought	fought
find	found	found
fly	flew	flown
forbid	forbade (forbad)	forbidden
forget	forgot	forgotten
forgive	forgave	forgiven
G		
get	got	got, gotten
give	gave	given
go	went	gone
grow	grew	grown
H		
have	had	had
hear	heard	heard
hide	hid	hidden (hid)
hit	hit	hit
hold	held	held
hurt	hurt	hurt
K		
keep	kept	kept
know	knew	known
L		
lay	laid	laid
learn	learnt (learned)	learnt (learned)

UNREGELMÄßIGE ENGLISCHE VERBEN

Infinitiv Perfekt	Präteritum	Partizip
L		
leave	left	left
lend	lent	lent
let	let	let
lie	lay	lain
lose	lost	lost
M		
make	made	made
mean	meant	meant
meet	met	met
mistake	mistook	mistaken
O		
overcome	overcame	overcome
oversee	oversaw	overseen
overtake	overtook	overtaken
P		
pay	paid	paid
put	put	put
R		
read	read	read
redo	redid	redone
reset	reset	reset
ride	rode	ridden
ring	rang	rung
rise	rose	risen
run	ran	run
S		
say	said	said
see	saw	seen
seek	sought	sought
sell	sold	sold

Infinitiv Perfekt	Präteritum	Partizip
S		
shake	shook	shaken
shine	shone (shined)	shone (shined)
shoot	shot	shot
show	showed	shown (showed)
sing	sang	sung
sink	sank	sunk
sit	sat	sat
sleep	slept	slept
smell	smelt (smelled)	smelt (smelled)
speak	spoke	spoken
spend	spent	spent
spring	sprang	sprung
stand	stood	stood
swim	swam	swum
T		
take	took	taken
teach	taught	taught
tell	told	told
think	thought	thought
throw	threw	thrown
U		
understand	understood	understood
W		
wake	woke (waked)	woken (waked)
wear	wore	worn
win	won	won
write	wrote	written

GRUNDZAHLEN

Nought	0	null
One	1	eins
Two	2	zwei
Three	3	drei
Four	4	vier
Five	5	fünf
Six	6	sechs
Seven	7	sieben
Eight	8	acht
Nine	9	neun
Ten	10	zehn
Eleven	11	elf
Twelve	12	zwölf
Thirteen	13	dreizehn
Fourteen	14	vierzehn
Fifteen	15	fünfzehn
Sixteen	16	sechzehn
Seventeen	17	siebzehn
Eighteen	18	achtzehn
Nineteen	19	neunzehn
Twenty	20	zwanzig
Twenty-one	21	einundzwanzig
Twenty-two	22	zweiundzwanzig
Thirty	30	dreißig
Forty	40	vierzig
Fifty	50	fünfzig
Sixty	60	sechzig
Seventy	70	siebzig
Eighty	80	achtzig
Ninety	90	neunzig
One hundred	100	einhundert
A hundred and one	101	einhundertundeins
Two hundred	200	zweihundert
One thousand	1000	eintausend
A thousand and one	1001	eintausendundeins
Two thousand	2000	zweitausend
One million	1.000.000	eine Million
Two million	2.000.000	zwei Millionen

GRAMMAR

ORDNUNGSZAHLEN

First	1st	1.	erste/r
Second	2nd	2.	zweite/r
Third	3rd	3.	dritte/r
Fourth	4th	4.	vierte/r
Fifth	5th	5.	fünfte/r
Sixth	6th	6.	sechste/r
Seventh	7th	7.	siebte/r
Eight	8th	8.	achte/r
Ninth	9th	9.	neunte/r
Tenth	10th	10.	zehnte/r
Eleventh	11th	11.	elfte/r
Twelfth	12th	12.	zwölfte/r
Thirteenth	13th	13.	dreizehnte/r
Fourteenth	14th	14.	vierzehnte/r
Fifteenth	15th	15.	fünfzehnte/r
Sixteenth	16th	16.	sechzehnte/r
Seventeenth	17th	17.	siebzehnte/r
Eighteenth	18th	18.	achtzehnte/r
Nineteenth	19th	19.	neunzehnte/r
Twentieth	20th	20.	zwanzigste/r
Twenty-first	21st	21.	einundzwanzigste/r
Twenty-second	22nd	22.	zweiundzwanzigste/r
Thirtieth	30th	30.	dreißigste/r

DATUM UND UHRZEIT

The Date	*Datum*
Days	*Wochentage*
Monday	Montag
Tuesday	Dienstag
Wednesday	Mittwoch
Thursday	Donnerstag
Friday	Freitag
Saturday	Samstag
Sunday	Sonntag

Months	*Monate*
January	Januar
February	Februar
March	März
April	April
May	Mai
June	Juni
July	Juli
August	August
September	September
October	Oktober
November	November
December	Dezember

Time		*Uhrzeit*
12:00 a.m.	**It is twelve o'clock a.m.**	Es ist zwölf Uhr/ Mitternacht.
12:00 p.m.	**It is twelve o'clock p.m.**	Es ist zwölf Uhr mittags.
1:00 p.m.	**It is one o'clock p.m.**	Es ist ein Uhr mittags.

GEWICHTE UND MASSE

1 Zentimeter	=	0,3937 Zoll		
1 Meter	=	39,37 Zoll		
1 Kilometer	=	0,6214 Meilen		

1 Gramm	=	0,035 Unze
1 Kilogramm	=	2,205 Pfund
1 Tonne	=	2204,62 Pfund

1 Deziliter	=	0,176 Pints
1 Liter	=	1,76 Pints
1 Kiloliter	=	220 Gallonen

1 inch	=	2,54 cm		
12 inches	=	1 Fuß	=	0,3048 m
3 Fuß	=	1 Yard	=	0,9144 m
8 furlongs	=	1 Meile	=	1,609 km

1 Unze	=	28,35 g
1 Pfund	=	0,4536 kg
1 (long) Tonne	=	1,016 t

1 Pint	=	$0,5683 \ dm^3$
1 Quart	=	$1,137 \ dm^3$
1 (britische) Gallone	=	$4,546 \ dm^3$
1 (amerikanische) Gallone	=	$3,785 \ dm^3$

VOKABELLISTE

GLOSSARY

ENGLISCH – DEUTSCH

a

alarm clock Wecker *10, 71*
antenna *Antenne 6*
antlers *Geweih 47*
apple *Apfel 17*
apron *Schürze 8, 12*
archive *Archiv 26*
armchair *Sessel 7, 55*
artist *Kunstmaler 76*
attendant *Platzanweiser 22*
awl *Ahle 11*

b

background *Hintergrund 77*
bag *Müllsack, Sack 28*
bag of sweets *Tüte mit Süßigkeiten 24*
bait *Köder 45, 46*
baker's shop *Bäckerei 18*
baking tin *Kuchenform 72*
ball *Ball 80*
balloons *Luftballons 29*
banana *Banane 16*
barrel *Fass 39*
baseball bat *Baseballschläger 80*
baseball cap *Baseballkappe 81*
baseball glove *Baseballhandschuh 81*
basement floor *Kellerboden 39*
bass *Kontrabass 27*
bather *Badegast 60*

bathing trousers *Badehose 44*
bathroom floor *Badezimmerboden 9*
bathtub *Badewanne 9*
bed *Bett 10*
bedside lamp *Nachttischlampe 10*
bedside table *Nachttisch 10*
bellboy *Page 35*
belt *Gürtel 86*
bench *Bank 28*
bicycle *Fahrrad 53*
bicycle tyre *Radreifen 53*
bird *Vogel 55*
birthday cake *Geburtstagskuchen 18*
black *schwarz 89*
blackbird *Amsel 55*
blouse *Hemd, Bluse 85*
blue *blau 89*
board *Brett 67*
boat *Boot 34, 45*
bonnet *Motorhaube, Haube 33, 61*
book *Buch 7, 26, 40, 73, 84*
book end *Buchstütze 73*
book shelves *Bücherregale 40*
boot *Stiefel 68*
bow *Schleife 84, 85*
boxer *Boxer 42*
boxing gloves *Boxhandschuhe 42*
boxing ring *Ring 42*
boxing shoes *Boxerschuhe 42*
boxing shorts *Boxershorts 42*

bracelet *Armreif 85*
braid *geflochtener Zopf 84*
branches *Zweige, Äste 50*
bread *Brot 58*
bricklayer *Maurer 67*
bricklayer's cap *Maurermütze 67*
bricks *Ziegelsteine, Mauersteine 67, 70*
bridal couple *Brautpaar 88*
bridal veil *Brautschleier 88*
bride *Braut 88*
bridge *Brücke 54*
bridle *Zaumzeug 52*
broken watch *kaputte Uhr 71*
broom *Besen 12*
brush *Pinsel, Bürste 9, 89*
bucket *Eimer 12, 45, 70*
bumper *Stoßstange 33, 61*
butterfly *Fliege, Schleife, Schmetterling 26, 55, 87*

c

cake *Kuchen 18, 58*
cake stand *Kuchenplatte 18*
camera *Kamera 77*
camp fire *Lagerfeuer 50*
campers *Camper 50*
can opener *Dosenöffner 58*
candlelight *Kerzenlicht 13*
candlestick *Kerzenleuchter 13*
candy bar *Zuckerstange 24*
canoe *Kanu 54*
canoeist *Kanute 54*
canvas *Leinwand 76*
cap *Kappe, Mütze 38*

GLOSSARY

ENGLISCH – DEUTSCH

GLOSSARY

ENGLISCH – DEUTSCH

GLOSSARY

GLOSSARY

ENGLISCH – DEUTSCH

GLOSSARY

ENGLISCH – DEUTSCH

GLOSSARY

DEUTSCH – ENGLISCH

GLOSSARY

DEUTSCH – ENGLISCH

GLOSSARY

DEUTSCH – ENGLISCH

GLOSSARY

DEUTSCH – ENGLISCH

Mörtel *mortar 67*
Motor *motor 33, 44*
Motorhaube *bonnet 33, 61*
Möwen *seagulls 59*
Müll *rubbish 28*
Müllsack *bag 28*
Mund *mouth 74*
Muscheln *seashells 59*

n

Nachttisch *bedside table 10*
Nachttischlampe
    bedside lamp 10
Netz *net 40*
Note *note 23*

o

oberes Rahmenrohr,
Querstange *crossbar 53*
Ofen *oven 8*
Ofentür *oven door 8*
Öl *oil 33*
Opernsänger/in
    opera-singer 23
Overall *overalls 11*
Ozean *ocean 34, 60*

p

Paddel *paddle 54*
Page *bellboy 357*
Palette *palette 76, 89*
Papiertüte *paperbag 22*
Parkreinigungspersonal
    park cleaner 28

Patient *patient 74, 75*
Pedal *pedal 53*
Pfanne *pan 50*
Pfeffer *pepper 58*
Pfeiler *pillar 68*
Pferd *horse 29, 52*
Pflanze *plant 35*
Pflaumen *prunes 25*
Pfütze *puddle 61*
Pickel *pickaxe 51*
Picknickdecke
    picnic blanket 58
Picknickkorb
    picnic basket 58
Pier *pier 54*
Pilot *Pilot 32*
Pinsel *paint brush 66, 76*
Pinsel, Bürste *brush 9, 89*
Platzanweiser *attendant 22*
Polizeimarke *police badge 69*
Polizeiauto *police car 69*
Polizeimütze *police cap 69*
Polizist *policeman 69*
Popcorn *popcorn 22*
Portier *doorman 61*
Pudelmütze *pixy hat 63*
Pullover *sweater 63*
Puzzle *jigsaw puzzle 80*

r

Rad *wheel 6, 75*
Radio *radio 66*
Radreifen *bicycle tyre 53*
Rauch *smoke 34*
Regale *shelves 26*
Regenschirm *umbrella 61, 88*

Regentropfen *raindrops 61*
Reifen *tyre 31*
Reis *rice 88*
Ring *boxing ring 42*
Rock *skirt 85*
Rollschuhe *rollerskates 80*
Rot *red 89*
Rücklicht *rear light 33*
Ruder *oar 45*

s

Sahnespritzbeutel
    pastry bag 72
Salat *lettuce 17*
Salz *salt 19, 25, 58*
Sand *sand 69*
Sandale *sandal 59*
Sattel *saddle 52, 53*
Saxofon *saxophone 27*
Schatten *shadow 7*
Schaufenster *window 18*
Scheinwerfer *spotlight 77*
Schiene *track 29*
Schild *sign 17, 26*
Schlafanzug *pajamas 10*
Schleier *veil 87*
Schleife *bow 84, 85*
Schlepper *tug boat 34*
Schlitten *sleigh 62*
Schlittschuh *skate 63*
Schlittschuhläufer *skater 63*
Schnee *snow 51, 62*
Schneebälle *snowballs 62*
schneebedecktes Dach
    snow-covered roof 62
Schnellboot *speedboat 44*

GLOSSARY

DEUTSCH – ENGLISCH

GLOSSARY

DEUTSCH – ENGLISCH